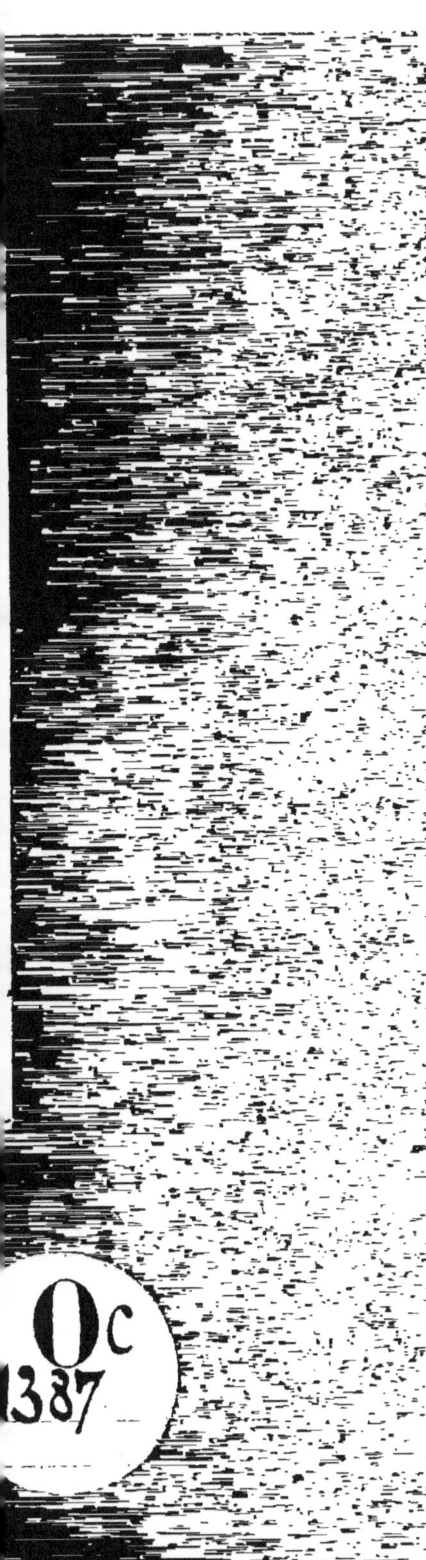

AF267180

LA VÉRITÉ

SUR LA

RÉVOLUTION D'ESPAGNE

PAR

OSCAR LESSINNES

PARIS

CHEZ LES PRINCIPAUX LIBRAIRES.

1868.

LA VÉRITÉ

RÉVOLUTION D'ESPAGNE

PAR

OSCAR LESSINNES

———◆———

PARIS

—

CHEZ LES PRINCIPAUX LIBRAIRES.

—

1868.

Paris. — Imprimerie internationale de G. TOWNE,
9, rue d'Aboukir.

Tout le monde n'a pas apprécié jusqu'ici la révolution d'Espagne sous son vrai jour. Beaucoup de Français de la génération actuelle ont transporté du monde des affaires dans la littérature un esprit vif et subtile qui n'aime pas d'approfondir les choses et les comprend plus ou moins dans leur ensemble. C'est ce *plus ou moins* qui est un malheur. Le Français d'aujourd'hui, très intelligent et toujours pressé, juge souvent de la façon la plus prompte et aussi la plus fausse, parce qu'il croit savoir, tandis qu'il n'a fait qu'effleurer.

En ce qui concerne les plus graves complications extérieures, il ne les étudie, la plupart du temps, que sur l'opinion de journaux partiaux ou sur le dire de voyageurs, dont les uns sont exilés pour raisons politiques, dont les autres viennent grossir la foule aventureuse et flottante, cherchant la fortune dans le tourbillon de Paris, dont tous enfin sont mécontents.

Les hommes remuants de l'étranger courent tout de suite aux journaux. Les hommes sages et modérés ont moins d'intrigue. Ils s'affilient moins facilement aux feuilles parisiennes, qui en sont réduites aux informations, quelquefois mensongères, toujours exagérées des premiers.

Ajoutez qu'il y a en France toute une pléïade d'écrivains qui possèdent chacun son lot de phrases creuses et sonores, au nom desquelles ils veulent réformer l'univers entier. Le Fran-

çais, j'entends le Français qui passe sa vie à se
croire dans une situation politique détestable et
qui formule en matière philosophique et sociale
les rêves les plus insensés, ce Français-là est assez absolu. Il ne veut pas comprendre que les
théories dont il appelle le règne en France (avec
ou sans raison ; peu nous importe à nous étrangers) que ces théories ne peuvent pas être bon-
nes pour tous les pays. L'histoire, le passé, la
situation financière, le caractère, les sentiments,
les habitudes, le climat, différencient chaque
nation et lui assignent son rang et sa mission.
Tout homme a dans l'ordre physique ses apti-
tudes spéciales ; ainsi de tout peuple. Le bonheur
pour un pays n'est pas d'avoir en quelque sorte
sa place fixe dans le régiment du progrès et
d'endosser un uniforme semblable à celui du
voisin. Le bonheur est de marcher, selon l'apti-
tude naturelle, vers le progrès, de marcher sans
doute d'un pas ferme et résolu ; mais chacun selon ses dispositions, ses ressources et ses forces.

L'homme vraiment libéral n'est pas absolu,
parce qu'il sait que la liberté, si c'est la faculté
d'agir selon ses volontés, c'est cette faculté mi-
tigée par cette réticence : « Ne pas nuire à
autrui. » N'est-ce point nuire à autrui, que de
le forcer, dans sa volonté, dans son initiative, à
emboiter le pas derrière d'autres ? C'est ainsi
qu'en Belgique, tout monarchiques et tout constitutionnels que nous soyons, nous comprenons
parfaitement que la république convienne mieux
que la royauté à certaines contrées et que la
Constitution belge, si utile pour nous, n'est pas
l'idéal des Constitutions pour tous les pays
indistinctement.

Malheureusement, Paris est une ville absor-
sbante qui fait trouver trop petites les question

qui s'agitent au dehors. Les esprits les plus sérieux ne saisissent pas l'importance des affaires
extérieures en temps de calme ; ils ne s'en occupent que si ces affaires entrent violemment
sur le théâtre des grandes affaires européennes.
Alors, par ignorance, ils les jugent mal et por-
tent *ex professo* sur elles des jugements peu lo-
giques et prennent pour choses certaines et ar-
rivées les désirs de leur imagination vive et
passionnée.

Le séjour de Paris transporte dans une vie où
les choses extérieures, en leur marche ordinaire.
paraissent être trop terre-à-terre. Il y a mille
preuves de l'ignorance des faits dans laquelle
sont plongés des esprits du reste très distingués.
A propos de la Belgique, par exemple, que d'er-
reurs de toutes espèces n'ont pas vu le jour
quand il s'agit de la famille royale, des discus-
sions des Chambres, et tout dernièrement quand
il s'agissait d'un prétendu traité entre la Belgi-
bue, la Hollande et la France. Mais voici un fait
qui regarde l'Espagne. En 1861, — notez la
date, — en 1861, un savant criminaliste,
M. Tissot, publiait un livre où il jugeait les di-
vers systèmes pénaux en vigueur en Europe.
Eh bien ! à propos de l'Espagne, il critiquait
très sérieusement le régime pénal de ce pays. Ce
régime était celui existant à la fin du siècle dernier. Une très importante et très parfaite codi-
fication avait eu lieu en 1848, treize ans avant la
publication de l'ouvrage de M. Tissot, et le savant Français l'ignorait.

II

Le peu de créance, qu'il faut donc accorder en France aux récits publiés sur les choses extérieures, — invite à puiser ses renseignements à d'autres sources, pour peu qu'on soit désireux de connaître la vraie vérité et de ne suivre, dans ses jugements, d'autres inspirations que celles de la justice et de la conscience.

« Qu'est-ce que la conscience, demandait hier le premier et l'un des plus anciens journalistes de Paris? Elle change suivant le milieu, suivant le pays et les circonstances, répondait-il? » Tel n'est pas notre avis. La conscience est la voie de ces milles sentiments innés pour le beau, le bien et le vrai que la nature a placés dans nos cœurs. — La conscience fait dire aux hommes : « accomplissons notre devoir; advienne que pourra. » Le devoir pour l'écrivain est de répandre la vérité; c'est de ne sacrifier que sur les autels de la Sainte-Justice. — Que les ambitieux suivent les indications d'un vulgaire esprit de parti, que les hommes intéressés visent à la fortune en déroutant et trompant, par leurs écrits, leurs lecteurs : mais dès lors par leurs instincts bas, ils cessent de mériter le titre d'écrivain et l'honneur n'a rien à voir avec les uns ni avec les autres. Agir, écrire et parler au nom de la justice, — encore que de secrètes inclinations soient froissées par cela, — voilà le devoir de l'homme d'honneur, de l'homme de cœur, de l'homme qui tient à l'estime, plus qu'à des succès matériels. Périssent les partis, s'il faut que la vérité triomphe et que justice soit rendue, n'importe qui cette justice et cette vérité doivent blesser, n'importe sur quelles ruines ou sur

quels froissements elles doivent asseoir leurs
trônes. — C'est en suivant la voie de la justice
que les peuples assureront seulement leurs progrès. Hors d'elle, il n'y a que passions, qu'intérêts vils et mesquins.

Le plus sûr moyen d'arriver à la vérité en ce
qui a rapport aux affaires internationales, est le
voyage avant le triomphe d'un parti, c'est-à-dire
en temps de calme relatif et alors que les opinions diverses luttent encore à armes égales, ou
bien c'est aussi un entretien fréquent, appro-
fondi, substantiel, sérieux avec les représentants
de toutes les nuances, avec les hommes qui ont
combattu pour ou contre tel principe, c'est entendre de la bouche même des intéressés de
toute catégorie et de tout drapeau, leurs aveux,
leurs regrets, leurs espérances. L'homme froid
qui veut juger avec l'impartialité de l'histoire,
apprécie les uns et les autres, pèse dans sa
conscience et prononce s'il l'ose.

Avec tous les jeunes hommes de ma génération, mes inclinations pouvaient être au scepticisme ; mais de mon examen attentif j'ai rap-
porté une conviction profonde et immuable que
je me permets de livrer à l'appréciation de tout
lecteur honnête, qui comme moi, désintéressé
dans les hautes questions du genre, recherche la
justice par amour pour elle-même, sans réticence, sans faiblesse et sans autre ambition que
celle d'accomplir une mission d'honnête homme.

III

Quand un pamphlet, qui n'avait pas débuté sans une certaine dignité d'attitude ni sans esprit, s'attaqua, il y a quelques mois, à l'épouse de Celui qui dirige la France, on put prévoir que, même sans se rendre compte du sentiment qui les poussait, par une certaine générosité inhérente à leur nature, la masse des Français ne lui accorderaient plus longtemps le bénéfice de leurs sympathies. Dans quel oubli des plus simples convenances des écrivains spirituels sont-ils donc tombés pour s'attaquer à une femme ?

De même, quand ramassant des bruits mensongers traîtreusement répandus dans les bas-fonds d'une presse ordurière, quelques feuilles de Paris s'en firent les échos, par légèreté plutôt que par réflexion, on put prédire ou que leurs attaques cesseraient bientôt ou qu'une sympathie pour la personne de la reine Isabelle II leur succèderait dans un temps rapproché.

Le caractère abject de calomnies faciles à renverser n'a pas été une des moindres causes de l'étude que je viens de faire sur la situation de l'Espagne. Rien de ce qui a été mis en avant relativement à la conduite particulière de la Reine dans ces dernières années ne subsiste après un examen attentif. Pourquoi — ai-je été amené à conclure — les bruits concernant sa politique auraient-ils plus de consistance ?

Un portrait de cette reine, calomniée dans son exil, tenterait un écrivain plus habile. Comment dire les hautes qualités de cœur et d'esprit de cette princesse, dont il faut avoir approché pour apprécier l'étrangeté des accusations

dont on l'a accablées. — Je ne saurais pas suffisamment faire comprendre de quelle bonté
chacune de ses paroles, chacun de ses regards
sont pour ainsi dire imprégnés. Généreuse et
même prodigue dans l'opulence, elle n'a pas
encore trouvé un mot d'amertume dans l'adversité pour les hommes qui lui devaient tout et
qui l'ont dépouillée. Elle supporte la perte du
trône et l'exil avec une tranquillité d'âme qui
atteste une foi robuste et une extrême résigna-
tion chrétienne. Par le parfum d'honnêteté et
de loyauté qui l'entoure, par cette bonté de
cœur exprimée sur sa figure sereine, elle a droit
aux sympathies. Par son titre de mère tendre
et chérie, elle a droit au respect que toute
femme peut réclamer de tout homme, s'il a
quelque éducation et quels que soient d'ailleurs
ses principes politiques. Observée et épiée dans
les plus secrets retranchements de sa vie pri-
vée, elle a été calomniée précisément à cause
du seul homme sur qui son choix ne serait pas
tombé, si elle avait eu des intentions coupables.
Isabelle II est une bonne et tendre mère, et
cette dénomination sera pour toutes les femmes
la plus grande preuve de l'innocence de la
Reine. Elle aime l'intérieur calme et doux, qu'a-
nime de son esprit vif et instruit un Roi, honnête homme, type accompli du premier gen-
tilhomme d'Espagne, répondant aux injures par
le sourire et par le mépris, quand ses détracteurs sont dignes d'exciter en lui l'un ou l'autre.

Tout, du reste, ne se passe-t-il pas chez la
Reine au grand jour? Sa maison est de verre
et chacun peut y pénétrer du regard. Il y a dans
les mœurs des familles espagnoles une simpli-
cité et une franchise dont la Reine offre le mo-
dèle parfait. Il ne se rencontre qu'en France des

grandes dames se répandant en frivolités, négligeant les choses de leur intérieur, l'amour de leurs enfants et repoussant la paix de l'âme pour les bruyantes passions du monde. Chacun peut voir au spectacle des habitudes douces et honnêtes des dames qui font partie de la suite royale, si ce n'est point là le digne cortége d'une princesse honorable.

Critiquez les principes monarchiques dont Isabelle II est la représentation. Mais soyez des ennemis généreux ; employez des armes loyales et n'abaissez point vos caractères à insinuer petitement de lâches calomnies. Soyez assez fiers pour ne point servir d'instrnments à des politiques, qui, afin de déprécier la Reine auprès du paysan espagnol, inculte et insouciant des graves choses d'état, ne pouvaient chercher à le rendre hostile que par cette grossière manœuvre.

Si j'ai bien vu, je crois que la Reine a naturellement la conscience de ce qu'elle doit à sa naissance. Elle sait qu'elle sort 'de la plus ancienne maison régnante de l'Europe, sans, pour cela, cesser d'être simple en ses manières. Elle sent que rien de ce que l'on a dit ne peut l'atteindre. Le sentiment de générosité inné chez toutes les femmes, combiné avec le sentiment de dédain qu'une princesse d'un esprit réellement cultivé et d'un cœur réellement noble doit à des calomniateurs, fait que tout à la fois elle pardonne à ces derniers et partage, elle, femme généreuse, cette croyance que les hommes ne sont point en masse assez lâches pour croire et encourager d'ignobles détracteurs. Elle passe le front haut devant les calomnies. Le temps, qui est un grand juge, en a déjà fait justice.

Isabelle mérite, en sa qualité seule de femme,

tous les hommages et les marques de l'estime la plus absolue.

Il est temps maintenant d'aborder en elle l'étude de la Reine. Examinons les côtés politiques de son long règne ; n'acceptons point les opinions toutes faites. Jugeons avec indépendance.

IV

Le temps présent ne s'offre point aux critiques sans éveiller les souvenirs du passé ; il a sa source dans l'histoire. Il n'a pas surgi hier sans avoir avec le passé ses attaches.

Je n'apprécie donc point du tout le sel qu'il y a à juger l'époque actuelle sans tenir compte des origines, des faits, des leçons et des enseignements d'un temps qui devrait être passé sous silence, parce qu'il a le tort aux yeux d'écrivains très bornés, de n'avoir même point connu le nom de maisons régnant aujourd'hui et parvenues par les révolutions.

Eh bien, si l'on consulte l'histoire, on doit comprendre que toutes les nations ne peuvent pas avoir aujourd'hui le même degré de civilisation, puisque toutes n'ont pas commencé en même temps à prendre le rang de nations compactes, telles que la carte d'Europe les représente maintenant. Le noyau de la France était formé depuis longtemps, quand l'Espagne, par exemple, était encore composée de plusieurs petits royaumes, ayant chacun sa vie distincte. Il n'y a guère un peu plus de quatre cents ans que la péninsule Ibérique forme le tout que nous voyons. Les idées politiques doivent donc nécessairement y avoir un autre caractère qu'en

France et l'usure, pour ainsi dire, de certains principes n'y est point aussi grande. La maturité de certaines institutions n'y est point aussi prononcée.

C'est donc folie de vouloir d'abord adapter à l'Espagne les idées qui ont cours en France et y semblent naturelles, et, ensuite, juger au point de vue Français, la révolution d'au-delà les Pyrénées.

D'un autre côté, cette Révolution a eu lieu sous l'influence d'un régime constitutionnel que la France de 1868 est incapable d'apprécier parce que 1e elle ignore absolument la valeur du mot de monarchie constitutionnelle, et 2o parceque ce régime est aussi antipathique à son caractère, qu'à son passé, qu'à ses tendances, qu'à ses coutumes et qu'à son humeur.

La connaissance intime du règne de Louis-Philippe, les leçons qu'il contient, peuvent seules faire comprendre la Révolution d'Espagne. L'étude de ce qui se passe aujourd'hui en Belgique, pourrait aussi en donner la clef. Il ne faut à ce dernier pays rien moins que le calme et la sagesse de son tempérament exceptionnel pour pratiquer sa constitution, sans que l'un des partis n'essaie à un moment donné de perdre l'autre parti dans une Révolution qui enfin de compte engloutirait le trône. L'existence des partis est une conséquence du régime parlementaire et constitutionnel. Celui qui n'est pas au pouvoir essaie de nuire le plus possible au gouvernement et comme le Roi est à la tête de ce dernier et que c'est lui qui a été forcé de lui décerner la victoire, le plus simple bon sens indique qu'il doit être la première victime désignée du parti vaincu. Si la Belgique n'a pas éprouvé mille

catastrophes depuis 1830, elle le doit à la froideur
de son caractère, à la petitesse de son territoire,
qui rend les questions internationales nulles et
par conséquent enlève à la polémique un de ses
sujets les plus irritants, à l'expérience de longues souffrances supportées sous des domina-
tions étrangères, à mille circonstances enfin qui
à commencer par le tempéramment froid, calme,
raisonnable, n'existent ni en France ni en Espagne. Nul doute que Louis-Philippe a dû la
perte de son trône plus aux compétitions de
deux ministres rivaux qu'aux aspirations intimes de la nation. Les ambitions égoïstes ont
entraîné la dynastie dans la tourmente révolu-
tionnaire.

En Espagne, c'est l'ambition de quelques hommes désireux du pouvoir qui a constamment
enveloppé le trône constitutionnel d'Isabelle II
d'embûches et de périls. Satisfaites ces ambitions
et la Révolution n'a plus d'aliment ; elle n'aurait pas encore achevé sa mission en France ou
ailleurs où le peuple est plus mûr et sait ce
qu'il veut ; mais, en Espagne, les ambitions une
fois assouvies, la Révolution s'est arrêtée ; elle
n'a innové que très-peu et s'est fourvoyée comme
on peut le voir aujourd'hui ; à peine née elle
n'a déjà plus de souffle.

Suivons, dans leurs variations, les hommes
qui ont eu le haut du pavé en Espagne depuis
de la mort du roi Ferdinand VII et la fin
de la régence. Nous les verrons inassouvis
réclamer le pouvoir, annihiler l'influence de
la reine, l'empêcher, sous peine d'abandon, de
marcher selon les inspirations de sa conscience,
et, aux jours des catastrophes, en faire remonter
à elle la responsabilité. Car telle a été la posi-
tion de la reine Isabelle et même de la reine

Christine pendant la régence. Forcée maintes fois d'avoir recours à des hommes antipathiques qui s'imposaient, Isabelle II paye pour eux ; c'est elle qui expie leurs fautes. Si Sa Majesté ne les avait pas appelés au pouvoir, ils s'armaient contre le trône. Ils y sont parvenus, — à son corps défendant, — et c'est à elle qu'on reproche leurs fautes.

L'une des origines de la situation faite aujourd'hui remonte à Espartero, au régent. On voudra bien reconnaître que le choix de cet homme qui n'a jamais montré au pouvoir de grandes qualités politiques n'est pas une faute d'Isabelle II, qui était à peine née.

Espartero, avec l'insouciante légéreté et l'impéritie notoire de quelques hommes de guerre qui ne doivent du prestige qu'à leurs épaulettes, avait émigré du parti modéré dans le parti progressiste, sur les conseils d'un homme plus habile que lui, de son chef d'état-major Linage. Le parti modéré composé d'éléments sérieux, d'hommes instruits et honorables n'aurait pas pris pour chef Espartero qui voulait absolument jouer un rôle. C'est au peu de bonne volonté rencontrée chez eux par le général que le parti progressiste, heureux d'avoir une épée pour lui, dût de posséder Espartero.

Le Régent, entouré de vieux libéraux, n'avait que des réminiscences de l'an XII, et se montrait froid et dédaigneux envers les jeunes hommes qui étaient l'espoir de l'Espagne ; il préparait ainsi des ennemis au règne d'Isabelle II, ennemis d'autant plus redoutables qu'ils allaient perdre à Paris le sentiment national de l'Espagne, prendre des impressions étrangères à leur patrie et s'inspirer d'idées avec lesquelles celle-ci n'avait rien de commun ; en un mot, se dénationaliser pour revêtir l'habit commun de tous les utopistes qui veulent des réformes sans souci de l'histoire, sans souci des aspirations intimes d'un pays.

Après le manque d'habileté d'Espartero, les malentendus qui ont abouti aux événements de septembre ont encore pour cause la rivalité de l'élément civil et de l'élément militaire. Sait-on suffisamment que dans la péninsule l'élément bourgeois, qui se recrute, ailleurs, dans les classes industrielles, fait absolument défaut. Là où l'industrie chôme, il est bien difficile de trouver les éléments indispensables à la vie constitutionnelle. Les classes agricoles sont indifférentes à la politique. Elles ne voient dans les services à rendre au pays que la facilité de gagner leur pain sans beaucoup de travail. Où donc un souverain prendra-t-il ses ministres, si aucune des classes existantes ne semble fournir des hommes assez forts pour en occuper les fonctions ? La carrière militaire est encore celle qui fournit le plus de personnages instruits. Le serment des officiers semble assurer leur fidélité ; la franchise qui est le propre du soldat paraît promettre un dévouement éclairé. Erreur ! il faut compter avec l'ambition égoïste, avec la vanité que la carrière militaire développe chez quelques hommes, avec le désir de parvenir vite et la soif des honneurs qu'elle éveille en eux.

Cette supériorité que certains généraux ont depuis un demi-siècle voulu prendre sur leurs compatriotes avait frappé tout le monde et il importait, par tous les moyens possibles, d'abîmer la force et le prestige de l'armée, de la réduire à son rôle passif d'obéissance aveugle sans aucune mixtion dans la politique. Les enseignements du passé et les craintes de l'avenir poussaient les

esprits les plus conservateurs à opérer contre
l'élément militaire une réforme de laquelle la
prospérité de l'Espagne devait dépendre.

Une femme bien malheureuse, qui a été,
elle aussi, victime de l'ingratitude antimonar-
chique, la Reine Christine eut, à l'époque du
Coup-d'Etat français, en 1851, des opinions assez
nettes à cet égard et osa conseiller au gouvernement un Coup-d'Etat semblable à celui de la
France, mais qui devait avoir pour conséquence
d'engager l'Espagne dans une salutaire réforme
politique. Justement, l'élément civil, personnifié
par MM. Bravo Murillo et Miraflorès, était au
pouvoir et se trouvait sous le coup d'une menace de conspiration militaire.

La Reine Isabelle, d'un côté trop jeune pour
apprécier les conséquences politiques de tels
projets, et, d'un autre côté, assujettie à l'initiative de sa mère dans une affaire aussi délicate
dont la responsabilité devait encore retomber sur
elle-même, bien qu'elle y fut étrangère, ne trouva
en elle ni en son entourage les moyens de résis-
ter aux sollicitations de réforme qui l'obsé-
daient.

Sans se mêler de cette affaire ni directement
ni indirectement, — car Isabelle II n'avait pas
encore l'expérience politique qu'elle exigeait, —
la Reine n'empêcha ni encouragea l'étude théo-
rique du projet de sa mère.

Tout-à-coup la Reine Christine se brouilla
avec M. Bravo Murillo et la Reine Isabelle, fati-
guée du reste de projets qui s'énonçaient si lé-
gèrement à côté d'elle, dut s'attendre à voir
chanceler et tomber son premier ministre.

Ce dernier, dans le dépit de son ambition
déçue, découvrit la Reine, révéla les plans de la
réforme politique, en fit remonter l'idée à Isa-

belle II et agit, en un mot, pour se tirer d'embarras, avec le sans façon le plus inconstitutionnel possible. On sait, en effet, que le souverain isolé ne peut rien sous un régime constitutionnel. Si M. Bravo Murillo n'avait pas pleinement partagé les idées de la Reine Christine, il n'aurait pas été sur le point de faire signer Isabelle II. En tout cas il était le coupable et il accusait la Reine d'avoir voulu *spontanément et librement* réformer la Constitution, comme si son adhésion, à lui, n'avait pas été nécessaire pour un tel acte.

Le Ministère San Luiz vint remplacer M. Bravo Murillo; mais ce dernier, représentant de l'élément civil, avait porté ainsi le coup le plus vif à cet élément, en éveillant, par ses dénonciations à l'égard de la Reine, les susceptibilités et l'ambition de l'élément militaire, qui se fortifia de plus en plus jusqu'en 1854, époque de l'insurrection des généraux.

Si l'on allait au fond de ce mouvement, on y verrait l'indécision des uns, des chefs eux-mêmes et la trahison la plus noire des autres montrer que cette révolution ne pouvait pas enfanter des choses honnêtes ni des institutions durables, le bien ne venant que du bien et le malhonnête ne produisant jamais le bien. C'est ainsi que le manifeste de Mançanarez, qui eut tant de réputation, fut présenté à la signature d'O'Donnel, qui hésita et demanda vingt-quatre heures. Ce manifeste, porté aux imprimeries quand même, parut revêtu du nom d'O'Donnel qui ne l'avait point encore signé. Le coup fait, il ne crut pas devoir désavouer l'acte d'un factieux secondaire. C'est ainsi encore que Dulce, dénoncé au chef de la place de Madrid par une lettre anonyme, comme ayant des accointances avec les insurgés, nia avec un flegme dont plus

tard il se vanta. Quelques jours après il demandait d'aller passer une revue et se joignait
avec ses amis politiques. Ces indécisions d'un
côté, ces trahisons de l'autre, sont des tâches
pour des Révolutions et comme les causes mo-
rales de leur insuccès.

Alors les ministères passèrent alternativement
à deux hommes en qui prédominaient des aspirations militaires, à O'Donnel et à Narvaez. La
Reine n'était plus rien entre ces deex généraux
qui minaient le trône de leur souveraine par
leurs ambitions égoïstes, tout en lui restant fidèles et en se montrant loyaux, pourvu bien
entendu qu'ils fussent au pouvoir.

Chacun d'eux une fois renversé accusait la
Reine d'avoir appelé son rival au ministère. Et
ce jeu de bascule avait pour point d'appui la
royauté, dont la popularité diminuait de jour en
jour.

Un coup d'Etat était nécessaire pour appeler à
la vie politique d'autres éléments que les militaires, mais la Reine craignait qu'on l'accusât
d'agir dans des vues d'ambition personnelle
plutôt que pour le bonheur de l'Espagne et sa
loyauté se refusait à suspendre la pratique de la
Constitution.

Ainsi se maintenaient à ses dépens et en se
faisant un jeu des plus nobles délicatesses de
son cœur, les hommes politiques qui jouaient le
sort de la royauté pour la satisfaction de leurs
intérêts particuliers.

La Reine, cependant, annihilée savait encore
quelquefois dominer O'Donnel et Narvaez, s'il
s'agissait de questions où la Constitution l'appe-
lait à prononcer directement. A propos des affaires extérieures, elle savait prendre des réso-
lutions dignes de la plus fière des espagnoles.

Le général Prim avait été vainqueur au Maroc. Sa réputation avait peut-être été un peu exagérée; mais chacun sait que l'habileté du comte de Reus est excessive, et personne ne s'étonnera d'apprendre que les journaux les plus éloignés d'Espagne, l'*Echo du Parlement*, de Bruxelles, par exemple, recevaient par des intermédiaires naïfs des communications, les unes signées de lui, les autres non signées, où le général exaltait sa gloire et se justifiait de quelques fautes dont on parlait alors. La manière adroite de Prim de se faire donner du renom attira naturellement l'attention de son gouvernement quand il fallut nommer un chef pour l'expédition espagnole au Mexique. Prim agit mal et se sépara de l'armée française ; son désir était d'être empereur; il ne voulut plus seconder la France quand il ne la vit point disposée à l'élever sur le pavois impérial. A Madrid cependant le conseil des ministres se réunit expressément pour présenter à la Reine l'expression de la légitime émotion qu'éprouvaient ces messieurs, et en même temps pour proposer à Sa Majesté la révocation de Prim comme général en chef, et un blâme motivé de sa conduite. Les ministres étaient absolument décidés. Encore un peu, ils auraient fait de leur proposition de blâme une question de cabinet. Mais la Reine résista. Elle pensa qu'elle avait confié le drapeau de l'Espagne à M. Prim ; elle recula devant une résolution qui brisait la carrière d'un soldat qui se confondait en protestations de dévoûment et de fidélité; elle fit retirer le blâme. Quelques temps après, Prim, de retour, entrant un soir au ministère des affaires étrangères, recevait devant témoins la chaude accolade de M. O'Donnel, qui le félicitait de son énergie ! C'est ainsi que la volonté de la Reine avait sauvé Prim et fait changer le courroux d'O'Donnel. Mais en laissant, par noblesse de cœur, le général Prim usurper sa gloire, Elle lui donnait une base pour asseoir l'influence et le prestige, à l'aide desquels il la trahirait.

Cependant, si l'on me permet cette figure hardie, je dirai que la reine Isabelle était placée entre l'enclume de la Constitution et le marteau des militaires. Elle était impuissante à faire le bien qu'elle souhaitait, et à empêcher le mal que les généraux rivaux faisaient à son autorité et à l'Espagne.

Il y a plus. On sait que, dans un Etat politique malade, tout le malaise est attribué à l'auteur souvent innocent qu'on nomme le Gouvernement.

En Espagne, on rendit la Reine responsable de la situation financière, dont les vices étaient augmentés par les dissensions intestines entre les militaires, comme ils avaient été amenés par le peu de ressources d'abord, puis par des fautes datant de loin, et encore par le séjour des Français conquérants sous le premier empire.

Le progrès des esprits et la justice de la morale universelle proclament la personnalité des fautes. Les fils ne sont point, dans la société, responsables des fautes de leurs pères.

En politique, au contraire, les descendants expient souvent les faiblesses de leurs aïeux. C'est là une souveraine injustice, contre laquelle le progrès, qui doit tout couvrir de sa bienfaisante influence depuis les plus humbles conditions jusqu'aux marches mêmes des trônes, contre laquelle, dis-je, le progrès a pour mission de réagir.

La situation financière a été affaiblie par de longues révoltes intestines, par l'insouciance de quelques princes précédents ; mais la Reine en est innocente. Est-il juste d'accuser quelqu'un à propos d'actes commis avant sa naissance ?

Malgré les infamies, les trahisons et les importunes révoltes, Elle a agrandi le sentiment national et fortifié l'opinion publique dans tout ce qu'elle pouvait. L'organisation des voies publiques, — *carreteras*, — a été reconstituée. Le canal appelé d'*Isabel segunda* est un des travaux les meilleurs qui aient jamais été exécutés en Europe. Des ports et des havres ont été établis en grand nombre. Des phares ont été placés en abondance ; on sait que le système de phares en vigueur en Espagne est le plus complet du monde entier. La régénération de la marine a vu le jour. S'inspirant du passé glorieux de cette marine qui avait conquis le Nouveau-Monde, la Reine, en femme patriotique, s'est éprise de sympathie pour cette noble branche de l'activité nationale. Aussi l'ingratitude des hommes qu'elle avait placés à la tête de la marine espagnole est-elle, sans doute, ce qui a le plus froissé sa délicatesse en ces derniers temps.

La sûreté des villes et des campagnes a été établie d'une façon stable. Les malfaiteurs ont diminué, les bandits qui jetaient la terreur dans les montagnes ont disparu. On comprendra qu'il est impossible de rappeler en ces pages légères tous les faits d'un règne de plus de vingt-quatre ans. Toutefois, on peut dire que, comparée avec l'Espagbe qu'elle a trouvée à sa naissance, l'Espagne que la Reine a abandonnée il y a quelques semaines était arrivée à faire un pas de géant. Nulle part dans le même temps on n'a accompli plus de progrès matériels que dans ce pays sous le règne d'Isabelle II.

Enfin, en cinq ans les lignes principales de

chemins de fer ont été projetées, exécutées et achevées. Ce tour de force, qui aurait fait échouer des gouvernements plus solidement assis et une nation plus avancée, était destiné à inspirer au pays le sentiment industriel. Malheureusement avec les capitaux français s'introduisit l'espoir de voir subitement la fortune de tous s'agrandir. Un temps d'arrêt, d'indécision, d'incertitude, devait au contraire succéder à ce vigoureux effort. La déception amena le mécontentement chez ceux qui n'avaient point réfléchi et qui croyaient que les affaires humaines marchent par enchantement, comme au commandement des fées.

Avec les capitaux français, et surtout avec les jeunes gens qui avaient étudié à Paris et qui revenaient étrangers à l'Espagne, pénétra dans le pays une sorte de démoralisation générale en fait d'affaires. L'esprit de spéculation et de mercantilisme, les idées d'achat et de vente des consciences s'introduisirent partout. Les faillis, comme dans tous les pays, souhaitèrent une révolution.

Mais, encore une fois, en quoi l'absence de la Reine empêchera-t-elle les fortunes d'achever à se ruiner. Un autre gouvernement, quel qu'il soit, enrichira-t-il les particuliers ruinés par les fausses spéculations ? Rendra-t-il l'honneur à ceux qui l'ont perdu dans toutes sortes de vilenies et de tripotages ?

Ce serait donner à ces pages la forme peu digne de pamphlet que de mettre, sous le nom de beaucoup d'hommes impliqués dans la révolution, le chiffre auquel ils tarifaient leur conscience, quelles dettes chacun d'eux possédait, leur degré d'honorabilité attesté par lettres intimes.

Pour peu qu'on examine donc cette révolution,

on s'aperçoit que les idées y ont peu de part :
les ambitions seules l'ont enfantée. Mais la situation étant donnée, en présence de ce peuple
espagnol qui lui-même est resté étranger à la
Révolution autant par la fierté qui lui est
naturelle, que par le dédain qu'inspirent à son
noble cœur les saletés financières et les infamies
des révolutionnaires, on peut questionner l'avenir, et demander par quelle solution l'état ac-
tuel des choses se dénouera en Espagne ?

V

La République n'est pas dans les instincts de
l'Espagne. Elle n'a pas pu se maintenir en France
quand elle était, pour une seconde fois, patron-
née par des hommes très-honorables.

La France n'était pas mûre ; à plus forte raison
l'Espagne, qui se trouve au point de vue du progrès beaucoup au dessous d'elle, l'est-elle moins
encore. Si par une surprise, toujours possible en
politique, la république triomphait, elle ne se
maintiendrait pas. Mille raisons de bon sens le
prouvent suffisamment. En France où l'élément
militaire ne dominait point, la République a
péri sous l'influence de l'armée. Il en serait *à
fortiori* de même en Espagne. L'absolutisme hi-
deux et ombrageux d'un parvenu tel que Prim,
— (Si Prim était un homme sérieux, instruit et
moins léger), — remplacerait la République et
ramènerait, par la voie de la comparaison, au
culte des Bourbons constitutionnels, à Isabelle II
et au prince des Asturies. Ou bien l'absolutisme
religieux et politique apparaîtrait pour quelques

moments sous la figure dèsormais impossible des successeurs de don Carlos. A quoi la révolution aurait-elle donc servi? C'est alors que les ambitions intéressées trouveraient peu de chances d'aboutir.

Toutes ces hypothèses sont absurdes. Lé roman dans l'histoire et dans la politique est une triste chose.

La vérité qui peut servir de base aux prévisions les plus sûres est celle-ci : Des hommes sans grande valeur mais pleins d'audace occupent le pouvoir par surprise. Ils ne sauraient apporter des changements que le temps et surtout un gouvernement respecté au dehors et au dedans sont seuls capables d'opérer. Dès lors leur mission est inutile; et par la force des choses, fatalement et comme poussés par une main invisible, ils descendront dans l'oubli, dans le mépris, dans l'impossibilité de rien faire. Fatalement ils seront renversés car ils manquent de consistance et même de convictions : Ils ne savent pas où ils vont. On a pu avoir des doutes : ils sont enlevés aujourd'hui. D'ailleurs il n'y a que les révolutions faites par des gens intègres qui donnent des fruits, comme en Belgique en 1830, comme ailleurs à toutes les époques de l'histoire. Les hommes, qui veulent renverser des pouvoirs établis pendant des siècles, ont besoin de talents, de désintéressement, de justice et de fidélité à des principes longtemps mûris. En regardant bien en face ces révolutionnaires on ne trouve que de faux grands hommes, craintifs encore après ce qu'ils ont fait, et comme tout surpris de s'être reconnu tant d'audace. Ils sont faux en tout et après avoir demandé à genoux des titres à l'ancien pouvoir pour cacher la roture de leurs noms, ils regrettent de n'être pas

des gentilshommes et voudraient être des aristo-
crates en rougissant de le paraître.

Inconséquence et trahison sont les titres de
gloire des uns. Ambition précoce, et nullité
bouffie d'importance sont les titres des autres.
Tous ont l'ingratitude du cœur, l'ignorance qui
fait les révolutionnaires, la présomption et la
faiblesse de vouloir faire croire qu'ils savent
quelque chose à la presse républicaine de Paris
qui s'en sert comme d'une arme contre le gouvernement de l'Empereur, comme une menace
contre l'Empire, mais qui rit dans son malin esprit de tant de niaiserie mise au service de
tant de corruption.

Cependant ne descendons point au dénigre-
ment. Encore que ce soit là le jugement que
portera l'impartiale histoire, il faut savoir ne
point accabler des hommes agissant aveuglé-
ment, poussés par des passions mauvaises, di-
rigés par les rebuts des hommes, à leur insu, et
que la défaite viendra trouver un jour.

VI

J'écris cela sous la pression des sentiments
les plus libres et les plus indépendants, dont la
Belgique honnête et libérale apprend le secret
à ses enfants. Dire toute la vérité, rien que la
vérité est mon but. Dans mon respect pour cette
liberté, à qui ma patrie doit le bonheur, je dois
faire les vœux les plus ardents, pour qu'un
jour les hommes qui ont empêché Isabelle II de
suivre les impulsions de son cœur généreux ne
se retrouvent plus sous ses pas. Ils auraient
voulu, par leurs divisions, absorber tellement

son attention, que la Reine n'aurait plus eu assez d'estime pour les libertés qui, dit-on, sont chères à son peuple, qu'elle même respecte et aime et qui sont la raison de son avénement au trône. Puis alors ils l'accusaient de manquer à la Constitution, quand eux-mêmes faisaient leurs efforts pour en empêcher la pratique.

Mais la justice m'ordonne de dire que les libertés aimées par le vrai peuple espagnol ne sont point les licences que de chimériques écrits présentent avec un séduisant attrait. Les paysans espagnols qui forment le vrai peuple ne demandent que la plus grande extension possible de l'agriculture. Ils bornent là actuellement leurs désirs. Pour l'homme qui doit chercher à se nourrir et à se vêtir avant tout, le premier besoin est dans la recherche de plus d'aisance. En donnant un essor vigoureux au seul moyen d'existence qui soit maintenant en sa possession, le gouvernement satisfait à ses besoins. Notez-le bien. C'est là une nation primitive, sauvage un peu, que la civilisation va trouver en pleine poésie et en pleine rêverie pour lui apprendre qu'il y a possibilité d'acquérir une vie matérielle plus agréable. Laissez la liberté de la presse, la liberté des cultes, la liberté d'enseignement, si vous croyez qu'elles sont nécessaires à un peuple de campagne qui ne sait pas lire, qui ignore qu'il y a une autre religion que celle du catholicisme et chez qui le dévoûment du professorat est une chose inconnué. Donnez lui tout cela pour satisfaire les importunités d'une presse étrangère qui aime à se mêler du bonheur d'un peuple, absolument indifférent au fond; tout cela ne changera ni le climat espagnol, ni la fougue espagnole dans les choses naturelles, ni la générosité de sa nature, ni le dévoûment instinctif qu'il a professé, avec l'enthousiasme le plus ardent, pour la famille des Bourbons, jusqu'au jour où des rivalités militaires ont forcément pris la première place dans son attention. Tout cela ne nuira ni à son avenir, ni ne le hâtera. Le peuple espagnol a sa nature originale, spéciale, souple et fière, exclusivement patriotique, fidèle à ses sentiments, détestant la corruption et le commerce des âmes. Il s'occupera toujours, avec ou sans les libertés de presse, de cultes et d'enseignement, de chercher son pain dans l'agriculture. Puisque ces libertés ne lui sauraient pas nuire, et qu'elles tendraient même à le développer dans toutes ses ressources d'esprit et de force matérielle, on peut les lui donner : il n'y tient pas, car il n'a pas fait la révolution : il y est resté étranger.

Pour moi, qui crois cependant aimer la liberté de mon pays de toutes les forces de mon âme, parce qu'en raison des instincts et du passé de mon pays, je considère ces libertés comme lui étant nécessaires, je ne me figure point blasphémer en me rappelant ceci à propos de l'Espagne : Un courtisan de Russie fit mettre des décors représentant des villages le long d'une route que devait parcourir, à travers des pays sauvages, l'impératrice Catherine. — Que l'Espagne imite Potemkin. Qu'elle inscrive pour la curiosité de l'étranger toutes les libertés qu'on voudra dans des chartes : le peuple espagnol s'en soucie peu, il ne pense qu'à ses champs ; mais du moins les étrangers seront contents. Quand le temps de l'éclosion de l'intelligence des Espagnols sera arrivé, ces libertés serviront, et ce sera profit pour le peuple qui les pratiquera avec sagesse et en connaissance de cause, et pour la dynastie qui se fortifiera du respect que les Espagnols sont habitués à lui décerner et de l'amour qu'on accorde sans réticence à ceux qui ont été au-devant de nos désirs et nous ont épargné des demandes réitérées.

VII

Isabelle II est femme, et à ce titre elle est acquise à toutes les belles et nobles idées du monde moderne. Aussi, je puis dire que, de même qu'ils ont calomnié la femme, ils ont calomnié la Reine quand ils l'ont dite superstitieuse, religieuse à l'excès.

J'appartiens à un pays qui a le tort, peut-être, au point de vue humanitaire, de pratiquer comme il le fait la liberté ; car, par ses qualités, par ses talents par son tempérament, il se place trop au-dessus de toutes les nations, de la France comme des autres, et il rend impossible à ces *suivantes* de la liberté toute espèce de comparaison ; et cependant je rappellerai un fait qui l'honore, dussé-je humilier la ville civilisée où par hasard je publie ces pages : Le Roi bien-aimé qui nous gouverne, et qui montre que quelquefois les qualités passent du père au fils, pratique ses devoirs religieux au milieu des sentiments respectueux d'un pays où est en honneur la liberté des cultes.

Allez, Français, vous n'avez pas le droit de sourire aux devoirs qu'inspire à sa conscience la religion de la femme d'honneur et de cœur qui porte dans l'histoire le nom d'Isabelle II, car vous ne savez pas ce que c'est que la Liberté. Mais chez nous, où cette déesse sublime à des autels splendi es, nous comprenons et nous applaudissons le courage d'Isabelle II, allant remplir ses devoirs religieux ; chez nous qui sommes les favoris de la Liberté, on assiste aux devoirs de conscience d'un prince, quelle que soit son opinion, avec le respect dû à toute croyance qui ne demande que le respect pour elle, que la liberté pour les autres.

Or, sachez-le, l'Espagne est foncièrement croyante ; elle est absolument catholique, et vous vous étonnez que la Reine légitime de ce pays, qu'une fi le des Bourbons aille une fois par semaine à la messe, comme y vont vos mères et vos filles, oui, messieurs, vos mères et vos filles à vous qui voulez bouleverser le monde au nom du scepticisme.

VIII

Dans un jour d'ambition, le roi Louis-Philippe fit épouser une sœur de la Reine Isabelle II par le duc de Montpensier, son fils.

Il n'est pas possible que ce prince français soit un lâche.

Aussi ses protestations passées de dévouement et de sympathie ne sont pas lettres mortes.

Il ne peut pas vouloir ambitionner un trône qui appartient à sa belle-sœur et se faire l'usurpateur d'un pays, où il a été accueilli en frère et en ami. Il ne voudrait point que le grand nom d'Orléans finit par tomber dans le ridicule et que l'on dit que dans le même siècle on a vu un oncle s'emparer du trône légitime de son neveu et un beau-frère saisir le trône de sa belle-sœur.

Notre siècle est prosaïque, il est vrai, mais point encore tombé assez bas, espérons-le, pour qu'à côté des trônes se retrouvent les traditions bourgeoises des héritiers qui guettent la mort ou qui corrompent le notaire.

Allez, s'il en était ainsi, prince d'Orléans, vous ne seriez, comme un autre roi, qu'un roi égoïste et vulgaire. Mais vous êtes galant homme et honnête !

IX

Il y a deux vertus que les peuples modernes demandent à ceux qui les gouvernent : la probité et la grandeur d'âme.

Je n'ai d'autre preuve de la probité d'un fonctionnaire que s'il sort pauvre de ses fonctions.

Allez demander aux pauvres de Madrid où s'en est allée la fortune de la Reine.

Allez voir au pavillon de Rohan si c'est là un train royal, pourvu que, par votre honnêteté, vous vous sentiez digne d'être admis auprès de cette descendante des Bourbons. Considérez de quel œil calme cette Reine contemple tous ses ennemis. On ne peut être ni meilleure ni plus noble dans l'adversité.

*** Pour **arriver** à la même conclusion que moi, il faut savoir se dépouiller de l'esprit de parti, des idées préconçues et ne viser qu'à la justice.

L'esprit de parti rétrécit l'horizon, fait passer sous le même niveau les faits les plus disproportionnés.

On compte peu d'historiens profonds en France, mais un nombre considérable d'annalistes. Cela vient de l'esprit de parti qui passionne tout le monde et diminue la force originale de chaque homme.

Oublier ses propres opinions pour ne voir que les faits et arriver par eux à une conclusion logique est le propre de peu d'hommes. Car, il faut savoir aller à l'encontre des préjugés et des passions. Mais avoir pour soi tous les gens de cœur et d'honneur n'est pas une mince considération. Cela donne du courage; et j'en aurai besoin pour continuer à travailler en faveur de la Justice, qu'on oublie, et d'une Reine digne d'attachement et de respect, précisément à cause des injures dont elle est injustement l'objet. La défendre dans ces pages rapidement conçues m'a semblé plus utile que de le faire dans un travail plus profond.

Il faut s'adresser à tous et en être compris quand ceux qui attaquent s'adressent aussi à tous.

Mais n'est-ce pas avoir mille chances de plaire aux masses, qui sont encore, quoiqu'on en dise, sensibles aux choses du cœur et de l'honneur, que de défendre ceux qui sont abandonnés et trahis, pourvu qu'on présente cette défense sous une forme dénuée de pédantisme et tout à fait à la portée des intelligences simples.

Car pour moi, je suis convaincu que ce ne sont plus tout à fait les journalistes qui sont l'expression vraie de l'opinion publique, mais bien les honnêtes ouvriers qui n'ont ni prétention ni ambition. Eh bien de leur bouche sincère on a pu entendre sortir, à propos des événements d'Espagne, des paroles de sympathie, de respect et d'admiration pour les braves soldats qui avaient observé leurs serments comme M. le marquis de Novaliches et quelques autres moins en vue, mais tout aussi dignes d'applaudissements. M. le marquis de Novaliches, restant debout, fier et incorruptible au milieu de tant de trahisons et de tant de lâchetés, était une figure qui plaisait à tous ces hommes, pauvres d'argent, mais riches de cœur. Je me suis dit que, dans cette circonstance encore, la voix du peuple était la voix de Dieu. La loyauté et la fidélité plaisent à la généralité des hommes : seulement les ambitieux, — qui font toujours plus de bruit dans le monde que les honnêtes gens pour avoir l'air d'être plus nombreux, — ont intérêt à soutenir que la loyauté et la fidélité sont le fait de petits esprits étroits. Soyons toujours du parti de ces prétendus esprits étroits : nous serons avec les plus gros bataillons. C'est cette pensée qui me fait dire que les Bourbons retourneront en Espagne, qui est le pays de la bravoure chevaleresque et de l'honnête fierté. Les soldats fidèles et loyaux comme Novaliches verront vite, — le moment de la surprise passé, — les sympathies populaires les suivre de nouveau.

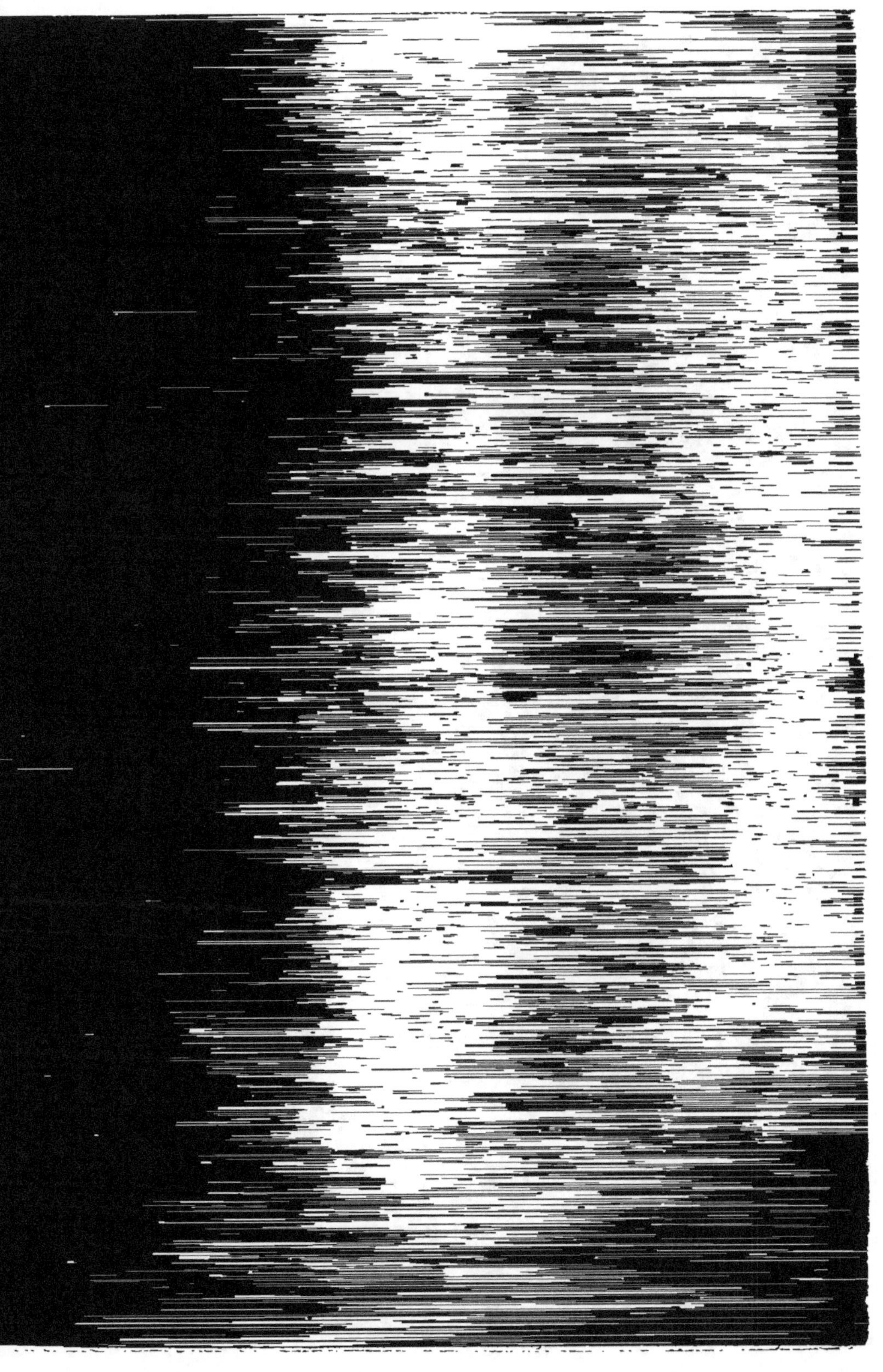

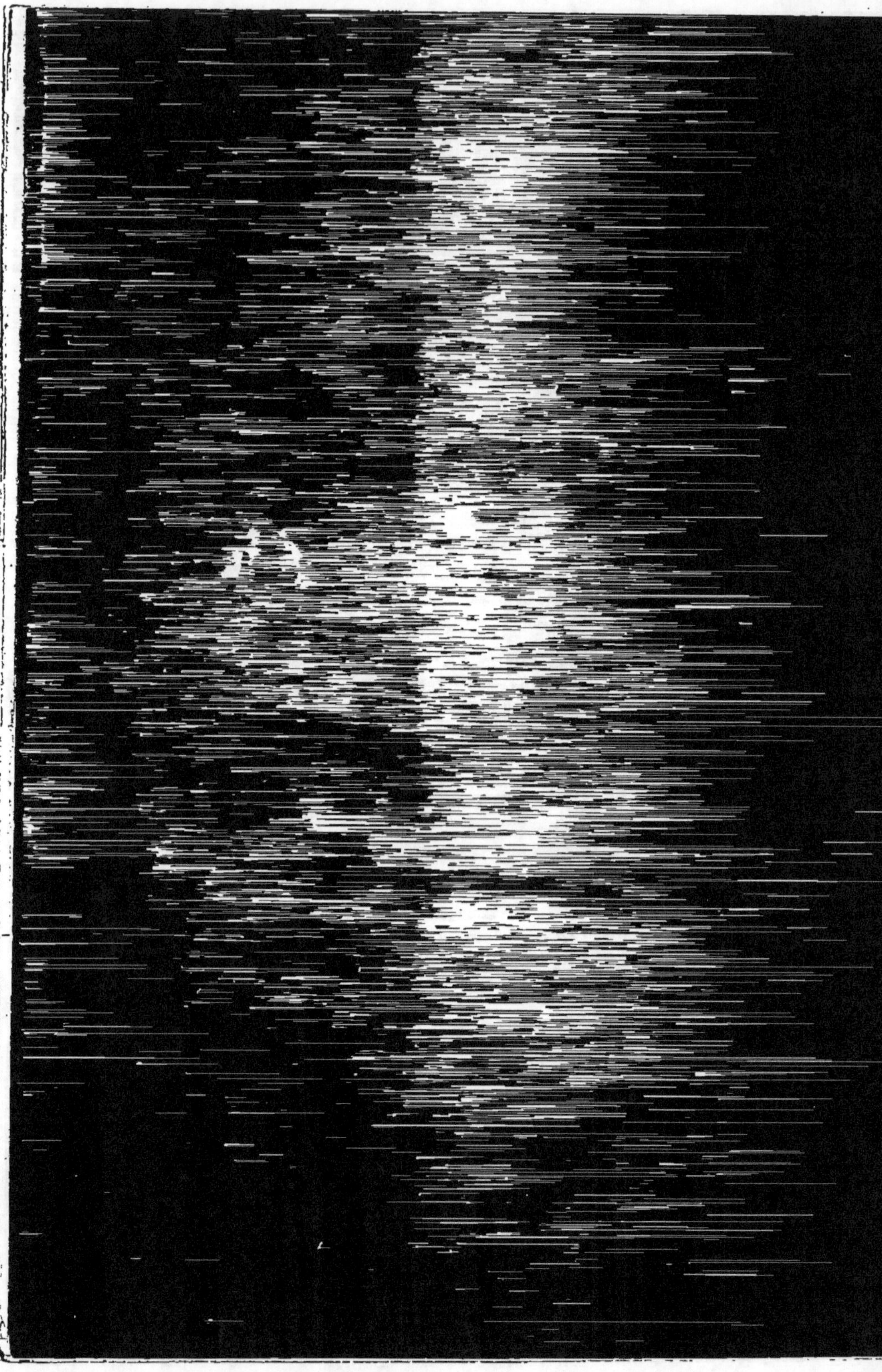

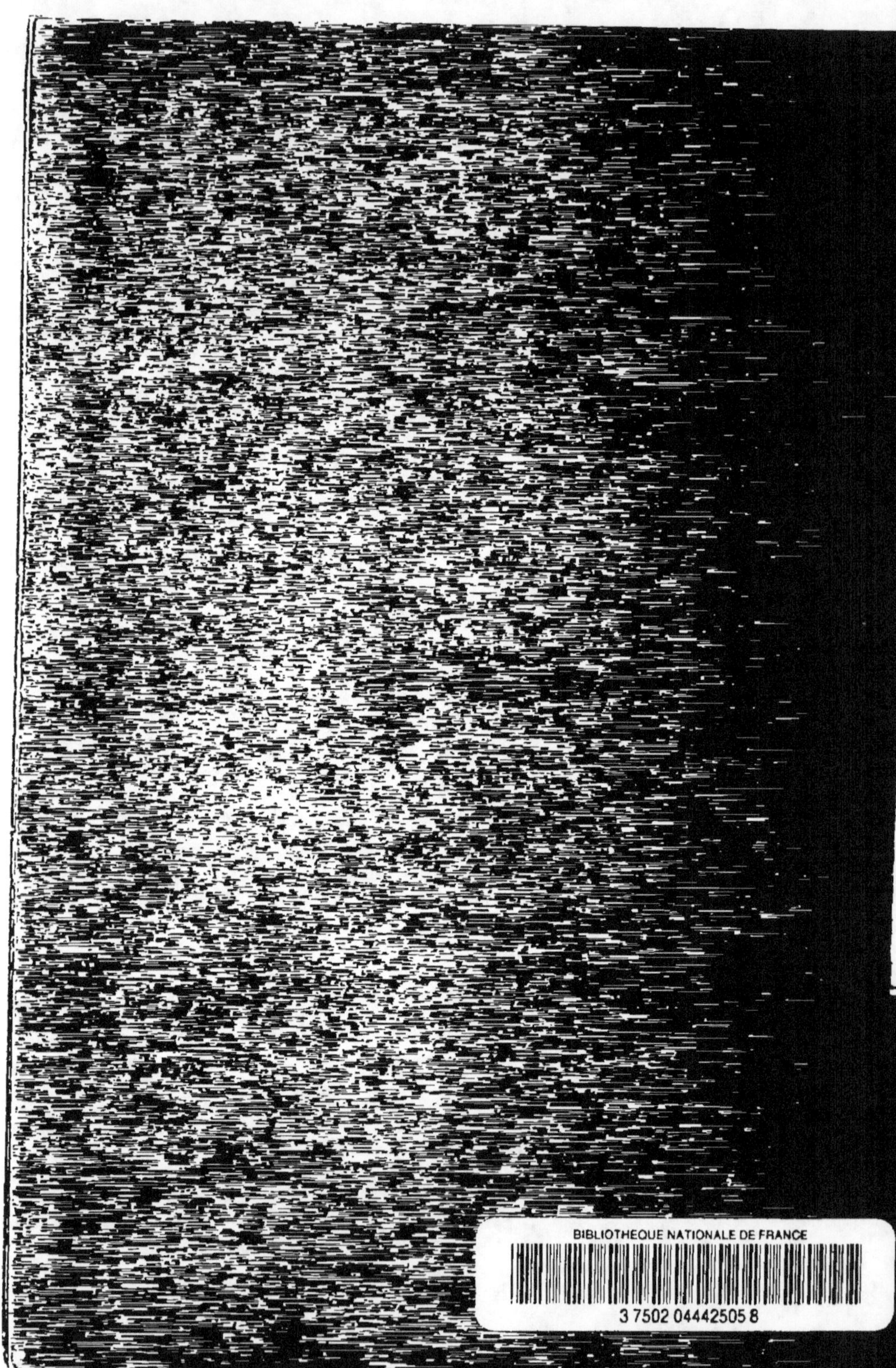